Vem är Fader Moon?

**Minnen och erfarenheter av den bästa
människa jag mött**

Stockholm 2015

Tillägnas min hustru, söner och sonhustrur, samt familjen Fred & Annemarie Persson, utan vilka mitt liv hade varit både kortare och tråkigare.

© 2015 Jan-Peter Östberg
Förlag och tryck: BoD
ISBN: 978-91-7569-061-2

Innehållsförteckning

Förord

Ja, vem är egentligen Fader Moon, Sun Myung Moon (1920 – 2012)? Det finns naturligtvis många sätt att närma sig frågan och säkert många olika svar.

Tack vare vår tids många sätt att dokumentera händelser finns det en uppsjö av film-, bild- och ljudmaterial om detta ämne. Det finns också litterärt material, dock inte så mycket på det svenska språket. Mer på engelska och naturligtvis mycket mer på japanska och koreanska.

Fader Moon skrev också en självbiografi, den finns i engelsk översättning men ej i svensk. Det finns också på en biografi från 1977 av doktor Frederick Sontag och en antologi av essäer om Fader Moon från 2007, vilken initierades av Indiens dåvarande president A. P. J. Abdul Karam. Den är på engelska, men två av de 144 bidragsgivarna är svenska: professor Tor Ragnar Gerholm och filosofie doktor Bertil Persson.

Sedan finns också en utmärkt biografi av den brittiske journalisten Michael Breen, utlandskorrespondent för The Guardian, The Times och The Washington Times, med titeln: "Sun Myung Moon, the Early Years 1920 – 1953".

På svenska finns två presentationer av Fader Moons teologi: "De gudomliga principerna" från 1972 och "Översikt av principerna" från 1990. Bägge dessa är dock svåra att få tag i. Sedan finns det en powerpoint-presentation tryckt som ett studiehäfte: "Himlen, jorden och människan är ett". Framförallt finns dock praktverket "Cheon Song Gyeong" (CSG), Heliga Himmelsboken på 2573 sidor.

Jag var själv delaktig i översättningsarbetet tillsammans med ett dussin andra och är väl medveten om vissa brister, men vi hade en tuff deadline. Likväl är detta verk det bästa tänkbara sättet att försöka förstå Fader Moon och hans betydelse för framtiden. En andra reviderad upplaga finns nu tillgänglig, dock ännu ej på svenska.

Men Cheon Song Gyeong är ju ganska mäktig, så efter förslag från några vänner har jag beslutat att skriva denna bok, som en sorts introduktion till CSG.

Den är byggd på egna möten med Fader Moon, med samtal med andra personer som mött, arbetat och levt med Fader Moon. Normalt är det viktigt med källhänvisningar, men i det här fallet är källan jag; mina minnen och erfarenheter, saker jag har hört och läst.

Det skapar naturligtvis begränsningar, men jag tycker det finns ett behov av en bok av det här slaget på svenska.

Fader Moon har lämnat den här jorden och i sinom tid gör jag och alla andra som mött honom personligen det också. Men som det står i Havamal: "Ett vet jag som aldrig dör, dom över död man".

Ärekransen

När jag misstror andra, känner jag smärta.
När jag dömer andra, blir bördan alltför tung.
När jag föraktar andra, är mitt liv utan värde.

Men om jag har tillit, blir jag sviken.
Om jag älskar, blir jag förrådd.
Sorg och lidande i månens sken.
Huvudet sänkt i mina händer.
Har jag fel?

Ja, jag har fel.
Trots att vi blir svikna, tro ändå.
Trots att vi blir förrådda, förlåt ändå.
Älska fullständigt, även de som hatar dig.

Torka dina tårar och välkomna med ett leende.
De som är fyllda med blott svek,
och de som förråder utan ångest.

O, Herre, smärtan i att älska.
Se på mina händer.
Lägg din hand på mitt bröst.

Mitt hjärta slår. Ack det kvalet.

Men när jag älskar dem som har gått emot mig,
har jag bringat seger.
Om du har gjort på samma sätt,
skall jag kröna dig med Ärekransen.

(Detta poem skrevs av Sun Myung Moon, 1935, vid
femton års ålder).

1. Mannen i Kinshasa och kvinnan i Fukushima

Hur ska vi nalkas frågan "Vem är Fader Moon?" Jag tror att det bästa sättet kan vara att börja mer indirekt – att skildra vad som hände två personer jag mött. Den ena berättelsen kommer från en amerikan jag träffade för många år sedan och den andra skildrar en upplevelse jag hade i Fukushima i Japan en gång Genom berättelser i Fader Moons periferi, så att säga, hoppas jag ge en första förståelse av honom. För många år sedan träffade jag en amerikan vid namn Gregory Novalis, och det är hans berättelse jag nu återger. Han var medlem av Unification Church och arbetade som missionär i Zaire, som det hette då.

Unification Church, eller mer exakt The Holy Spirit Association for the Unification of World Christianity, startades den 1 maj 1954 i Republiken Korea (Sydkorea). I slutet av 1950-talet hade några av kyrkans medlemmar sänts ut till Japan och USA som missionärer, och på 1960-talet hade några européer som mött kyrkan i USA åkt till Europa för att sprida Fader Moons idéer där. I december 1969 nådde de till Sverige.

På 1970-talet beslöts att missionärer skulle sändas till sammanlagt 120 länder, det vill säga till ytterligare 95 länder; tre personer till vardera landet, en tysk, en japan och en amerikan, representanter för tidigare fiendenationer, som ju var och en var övertygade om sin egna nations förträfflighet, och dessa tre skulle nu samarbeta för att kunna bli framgångsrika i sina uppdrag. Gregory Novalis var den amerikanske representanten till Zaire. På grund av problem med visum för de båda andra var han ensam det första året. Han omtalade för mig att det första halvåret var han helt handlingsförlamad, och som han sade: "De enda gångerna jag lämnade hängmattan i den tryckande, fuktiga värmen, var när jag gick för att hämta de pengar, som sändes från Amerika, för att jag skulle överleva. Men till slut blev jag desperat, mitt samvete plågade mig för min oförmåga att ta itu med min uppgift och jag satte i verket en plan jag hade legat och grunnat på. Fader Moon hade ett välkänt motto: "I en tjänares skor men med en faders hjärta, skall jag utgjuta svett för jorden, tårar för mänskligheten och blod för himlen". Så Greg beslöt att följa det mottot och bli en tjänare. Han gick därför till den rikaste stadsdelen i Kinshasa, Zaires huvudstad, och knackade dörr. Han erbjöd sina tjänster som "butler" till de olika herrskapen. De flesta tog honom inte på allvar – en vit amerikan som ville bli butler i en kongolesisk familj!

Men i ett hus fick han napp. Mannen hade skrattat och sagt att han inte trodde en vit man skulle klara jobbet som tjänare åt en afrikan och lovade att han skulle köra hårt med honom och se vad han tålde.

Greg stannade hos honom ett halvår och därefter sade husbonden till honom: "Du har skött dig fint, men jag föreslår att du gör vad du kommit hit för att göra, att sprida Guds ord. Lycka till".

Så Greg började missionera och med hjälp av tysken och japanen, som nu anlänt, fick de igång en kyrka som växte och som lät tala om sig i huvudstaden.

Den nya rörelsens tillväxt oroade den etablerade katolska kyrkan och efter ett tag samlades det nationella kyrkorådet och diskuterade situationen. Den katolska ledningen, några av dem vita européer, föreslog att de skulle försöka få Greg, tysken och japanen utvisade. De hade goda förbindelser till diktatorn Mobuto Sese Seko och trodde att det inte skulle bli något problem.

Visserligen var Gregory Novalis amerikan och president Mobuto var beroende av amerikanskt stöd, men de hade fått reda på att Unification Church inte var en amerikansk kyrka utan ursprungligen från Korea, och dessutom ifrågasatt i USA efter tumultet kring president Nixon i samband med den så kallade Watergateaffären (Fader Moon tyckte att det amerikanska folket borde förlåta president Nixon, om denne bad om förlåtelse, och ta tillfället i akt för nationell samling).

Att hitta på någon ursäkt att utvisa dem var alltså inte omöjligt. En man från Kimbangu-kyrkan tog då tillorda. Det är en kyrka med några miljoner medlemmar i Kongo, bildad av Simon Kimbangu, som predikade helande i april – september 1921, då han greps av kolonialmakten Belgien och dömdes till döden för uppvigling Hans dödsstraff förvandlades till spöstraff, 150 rapp, samt livstids fängelse. Kimbangu dog i fängelse 1951. Under fängelsetiden växte dock hans rykte som andlig ledare och som representant för den kongolesiska nationalismen. 1959 blev kyrkan erkänd av den belgiska kolonialmakten, ett år innan belgarna drog sig ur Kongo och lämnade landet i kaos.

Alltnog, mannen som nu tog till orda i nationella kyrkorådet förklarade att han alltid hade hatat vita. Han hatade vita och såg i dem ondskan personifierad. Dels därför att de hade förföljt Simon Kimbangu, men dessutom av en mer personlig anledning: de vita hade huggit av hans fars händer, eftersom byn han bodde i inte hade uppfyllt kvoten av gummi de skulle leverera till gummibolaget – en vanligt förekommande metod i den så kallade fristaten Kongo och ett skäl till att den belgiska staten tog över kolonin från det belgiska kungahuset, för att kunna stoppa de värsta våldsexcesserna, som blivit en internationell skandal.

Därför, sade han, "har jag hatat vita i hela mitt liv. Men Jesus Kristus har sagt att man skall älska sina fiender och eftersom jag älskar Jesus har jag försökt att älska vita, men aldrig lyckats. Tills en dag en vit amerikan står vid min dörr och säger sig vilja tjäna mig. Jag tar ut all min vrede och hat på honom, förolämpar honom, hånar honom, bedrar honom på hans lön, men han fortsätter att arbeta hårt, vara artig mot min hustru och snäll mot mina barn.

En morgon vaknar jag och känner mig annorlunda. Ett mörkt moln har lämnat mitt hjärta och jag förstår vad som hänt, mitt hat till vita har lämnat mig. Jag knäböjer och tackar Jesus för hans nåd och för att han sänt den vite amerikanen till mitt hus. Den mannen vill ni nu utvisa från Zaire."

Vid hans ord faller många i gråt och de vita tittar skamset ner.

Därefter kunde missionsarbetet för Unification Church fortsätta, och en son till en av de kongoleser som anslöt sig till kyrkan är nu gift med en dotter till en svenska som också blev medlem av kyrkan.

Gregory Novalis och hans upplevelser är för mig ett lysande exempel på vad som händer när man strävar efter att gå i Fader Moons fotspår. Jag vill också berätta om en egen upplevelse jag haft.

Under åren 1976-1978 levde jag i Japan som medlem av International One World Crusade (IOWC), ett evangelisationsprojekt som Fader Moon startat. Under våren 1977 uppehöll en del av oss i Fukushima län, numera känt på grund av kärnkraftverkshaveriet. Tillsammans med en japanska, Sato Mami-san, hon döptes till Mami efter president Eisenhovers maka, hade jag till uppgift att besöka föräldrar till medlemmar som arbetade för IOWC i USA. Tanken var att föräldrarna på det sättet skulle få en mer påtaglig förståelse för vad deras söner och döttrar upplevde i Amerika.

En kväll besökte vi en kvinna i en liten bergsby i det inre av Fukushima. Hon, sades det mig, var mycket fattig och hon bodde i ett hus som bäst kan beskrivas som ett gammalt ruckel. Hon livnärde sig på att städa några hus i byn – inte för att de som bodde där inte kunde städa själva, utan för att de på det sättet kunde ge henne lite pengar, så hon kunde klara sig.

Vi kom till hennes hus och gick in. Den gamla kvinnan tog glädjestrålande emot oss och bad oss sitta ned på tatamigolvet vid ett lågt bord enligt japansk sed. Hon serverade grönt te och riskakor och efter några inledande ord mellan oss, som Mami-san översatte, så överlät jag konversationen till dem båda, så att de kunde prata utan störande översättningsmoment. Den gamla kvinnan hade en så positiv och lycklig utstrålning, att det inte var svårt att förstå varför byborna var så ivriga att stödja henne.

Medan de glatt samspråkade lät jag blicken vandra runt den enkla boningen. Så plötsligt öppnades mina andliga ögon och stugan förvandlades till ett gyllene palats. Jag stirrade på den gamla kvinnan, som nu var klädd i en kimono vävd av guldtrådar. Jag kände mig som ett utländskt sändebud, en prins, som fått audiens hos en drottning. Gradvis bleknade visionen bort och vi var åter i den lilla stugan.

Jag kände att jag fått den visionen för att förstå den inre, verkliga sanningen om den gamla kvinnans situation. Till det yttre var hon fattig och enkelt klädd, men i den andliga verkligheten gjorde hennes godhet henne till en rik människa, överflödande av hjärtats rikedom.

En sådan insikt hjälper oss att prioritera vad som är viktigt i livet. Genom dessa två exempel vill jag belysa hur ett liv i Fader Moons efterföljd gett mig och andra upplevelser, som på avgörande sätt berikat våra liv.

2.   I historiens ljus

Vi har nu studerat två berättelser, som ger oss en vink om vad som händer kring Fader Moon. Nästa, och kanske en viktigare fråga, i vår spaning efter vem Fader Moon är handlar om hur Fader Moon uppfattade sig själv, vad var hans identitet?

I vår barndom och ungdom formas ju vår identitet, vår självuppfattning, våra drömmar och visioner. I ungdomen bildas våra ideal, som sedan påverkar våra livsöden. Vi vill bli något, vara någon som bidrar till världen omkring oss. Det visar sig ofta vara svårt och vi tvingas minska vårt engagemang, vår beslutsamhet att rädda världen, att anpassa oss till vad vi vuxna kallar verkligheten.

Hur var det med Fader Moon?

Ett av de mest slående dragen i hans karaktär var hans beslutsamhet, uthålligheten och vägran att ge upp och viljan att komma igen med nya försök. Efter att vid 15 års ålder ha accepterat den kallelse han fick av Jesus förlorade han aldrig det mål han hade i sikte, utan strävade oupphörligt vidare oavsett alla motgångar.

Det finns så många berättelser som belyser detta, men som jag inte skall gå närmare in på i det här kapitlet, utan vi nöjer oss med att konstatera denna sida av hans karaktär.

Därmed kan vi gå vidare in på frågan: hur ser Fader Moon på sig själv? Vad är hans identitet?

På basis av hans många tal och hur hans liv gestaltade sig, vill jag ge följande beskrivning.

Många av hans tal, och jag har lyssnat direkt på ett hundratal och tagit del av många fler, börjar med att han påpekar att Gud skapade en man och en kvinna (Adam och Eva på hebreiska, Ask och Embla enligt nordisk mytologi), för att förverkliga sin dröm om kärlek.

Men Guds dröm blev inte uppfylld, i stället för att manifestera Guds utgivande kärlek blev de första människorna besatta av ärkeängelns själviska kärlek. Detta, det så kallade syndafallet, är roten till Guds och människans tragedi och en värld där våld och egoism tycks dominera. Gud förlorade sina barn och historien, och därför handlar historien om hur Gud försökt återupprätta det ursprungliga idealet - äkta kärlek mellan Gud och människa, man och kvinna, föräldrar och barn.

Efter att en grundval lagts av Abrahams familj och dess efterkommande upprättades till slut en nation, Israel. Där kunde Guds son, Jesus, komma som en ny Adam. Men denna nation tog inte emot honom, utan dödade honom! Den nye Adam var död och var fanns den nya Eva?

Efter uppståndelsen uppstod kristendomen, som det nya andliga Israel. När Sun Myung Moon var 15 år gammal mötte han Jesus i en vision, där denne uppmanade Moon att uppfylla hans mission och förverkliga Guds dröm. Till slut beslöt den unge Moon att acceptera utmaningen och ta på sig uppgiften. Han tvekade länge, eftersom han insåg att precis som Jesus tagit på sig korset, den tunga bördan av att återupprätta allt som hänt sedan syndafallets dagar, skulle han också få göra det, och kunde han verkligen klara av det? Det är uppenbart att det är där hittar vi Fader Moons identitet, där hittar vi det som drivit honom i hela hans liv.

Han ser sig som den som fått Guds kallelse att förverkliga Guds dröm och lindra Guds sorg, genom att bli en ny Adam och ge Gud och mänskligheten en ny start, finna den nya Eva och fira lammets bröllop och på detta sätt bli hörnstenen i en värld av fred och allmänt välstånd, där alla människor utan undantag kan leva ett människovärdigt liv i harmoni med kosmos och det vi kallar Gud.

Det har varit hans ledstjärna, hans identitet och hans drivkraft genom ett händelserikt liv. Eftersom jag, som många andra i sin ungdom, ville göra något för världen så beslöt jag när jag kom i kontakt med Fader Moon att ägna resten av mitt liv att hjälpa till att förverkliga dessa mål. Ett beslut jag aldrig ångrat.

3. Fängelse och arbetsläger

Eftersom Fader Moon kände sig kallad att fullfölja Jesu mission kom han naturligtvis många gånger i konflikt med den rådande samhällsordningen, och eftersom hans karaktär inte tillät honom att ge upp eller kompromissa om grundläggande värderingar, ledde detta till situationer som utsatte honom för våld och tortyr, fängelser och koncentrationsläger.

Mänsklighetens långa historia är fylld av ofattbart lidande för otaliga människor. Som någon konstaterade under det trettioåriga kriget: "Var och en hade sitt eget sätt att plåga bönder och varje bonde led sina egna kval". Denna latenta ondska hos människor är ett resultat av vad som i religiös tradition kallas människans fallna natur, arvssynden.

Det är deprimerande att höra om alla illdåd, men det finns också en silverkant. Många människor kan ta sig igenom lidande utan att bli bittra, utan tvärtom bli stärkta i anden. Sådana människor blir föredömen och ger mänskligheten hopp om en ljusare framtid!

Vi kan exempelvis tänka på Nelson Mandela, Martin Luther King och Alexander Solsjenitsyn.

Fader Moon tillhör naturligtvis den listan också. Sex gånger har han blivit fängslad, av japaner, i både Nord- och Sydkorea och till och med i USA.

Han tillbringade 13 månader för påstått skattebrott, och detta mot det amerikanska skatteverkets, IRS, utredning!

En undersökande journalist från Washington, Carlton Sherwood, (ett slags Janne Josefsson i USA) granskade fallet ingående och skrev en tjock lunta med titeln "Inquistion" och visade där att det hela var en politisk konspiration med rötter i justitiedepartementet.

Fängslandet av Fader Moon 1984 fick dock inte avsedd verkan. Religiösa företrädare från hela skalan från Ernest Lowry, NAACP, och Jerry Falwell, Moral Majority, stödde offentligt Fader Moon, och på liknande sätt fick han stöd av politiker både från vänster och höger, som exempelvis förre presidentkandidaten Eugene McCarthy till vänster och senator Orrin Hatch, ordförande i senatens justitieutskott, till höger. En av Moon-rörelsens skarpaste kritiker i senaten, Bob Dole, ändrade sin inställning och blev ett starkt stöd istället.

I själva verket svängde det amerikanska etablissemanget tillbaka till sin ursprungliga välkomnande attityd.

Varför dömdes Fader Moon så många gånger till fängelse och arbetsläger? Ingen påstod egentligen, vare sig myndigheter eller media, att han var en kriminell person, och absolut ingen terrorist. Det ärligaste svaret gav nog den kommunistiska regimen i Nordkorea, när den anklagade honom för att "skapa social oro". Som grundare av en ny religiös rörelse kan nog Fader Moon, likt andra religionsgrundare, sägas ha skapat social oro, början till en djupgående samhällsförändring.

Jag vill inte ge mig in på några detaljerade beskrivningar av de tortyrmetoder som användes mot honom i Nordkorea, det är föga upplyftande att beskriva människors omänskliga sätt att behandla sina medmänniskor. Det räcker med att säga att vid flera tillfällen antogs han vara död, men hans starka grundkonstitution gjorde att han överlevde. Däremot vill jag nämna några episoder, som belyser Fader Moons karaktär och vad som format hans livsgärning.

En intressant detalj när det gäller hans vistelse i det ökända arbetslägret i Hungnam, en industristad på

Nordkoreas östkust där Moon vistades i två och ett halvt år, var att han faktiskt vägde ungefär lika mycket när han kom ut som när han fördes dit! I och för sig var han nog ganska mager redan vid ankomsten, men i lägret utfördes hårt arbete på svältransoner – den genomsnittliga livslängden i lägret har beräknats till sex månader, fångarna sändes dit för att dö. Hur kunde Fader Moon klara sig så bra? Han hade sina knep och hade som utgångspunkt "mind over matter", anden är viktigare än kroppen.

Han har berättat att under de tre första veckorna i lägret gav han bort halva sin risranson till medfångar och vande kroppen vid halva mängden. När han sedan åt hela sin ranson, kändes det som om han fick dubbel ranson, som om han hade mat i överflöd. Han var också noga med att hålla sig ren i görligaste mån och ägnade timmar åt bön och meditation, när de andra fångarna sov. De som prövar det vet att man på detta sätt kan besegra hungern.

På söndagarna skedde studier i marxism-leninism och ibland var det skriftliga prov. Vid ett tillfälle skulle fångarna skriva om sanningen i de ateistiska lärorna. Fader Moon lämnade då in ett blankt papper eftersom inte kunna finna någon sanning i ateismen. En medfånge observerade detta och insåg att Fader Moon skulle bli bestraffad och skrev snabbt ett mer positivt och lämnade in detta i Fader Moons namn. Den fången riskerade ju också att bli bestraffad om det hade upptäckts, men han kände att han till varje pris måste skydda Fader Moon.

Många av medfångarna hade fått stor respekt för nr 596, Fader Moons nummer, och tog stora risker för hans skull. En del av fångarna leddes av andevärlden att bli hans lärjungar, eftersom längre samtal var omöjliga. En präst berättade att han i en dröm fick besök av en förfader, som uppmanade honom att fråga 596 om Johannes döparen. Under arbetspasset tog han tillfället i akt och frågade 596. Han talade då om för honom att Johannes misslyckats med det väsentligaste i sin mission. Prästen avvisade denna hädelse, ty som kristen höll han Johannes döparen högt.

Påföljande natt återkom förfadern till prästen i drömmen och slog honom med en käpp både gul och blå. Prästen hade ont när han vaknade och beslöt att fråga 596 igen för säkerhets skull. Återigen svarade Fader Moon att Johannes begått ett stort misstag, han borde ha blivit Jesu lärjunge istället för att fortsätta på egen hand.

Prästen kunde inte utan vidare acceptera ett sådant påstående, med påföljd att förfadern återkom nästa natt med käppen och slog honom tills prästen i drömmen skrek: "Sluta, jag tror på vad 596 säger." Prästen fick då vara i fred för förfadern i flera nätter, men sedan kom han åter och sade åt prästen att fråga 596 om dennes mission. Prästen gjorde så och Fader Moon sade då att han kommit för att slutföra Jesu mission på jorden.

Detta kunde inte prästen tro på, eftersom han i likhet med många kristna väntade på att yttersta domen skulle komma med att Jesus återvände på himmelens skyar. Efter några nätter, där förfadern bearbetade honom med käppen, föll prästen till föga och beslöt att skydda 596 med risk för eget liv. I själva verket blev minst tolv, enigt vissa källor 20, medfångar fast beslutna att skydda 596. Fader Moon kommenterade efteråt att precis som Jesus dog, så skulle också han dö, men tolv personer var redo att dö i hans ställe och därför kunde Gud återfå sin tro på mänskligheten och fortsätta med återupprättelsearbetet. 2000 år av kristna martyrer var inte förgäves.

En annan episod är värd att berättas. I september 1946 arresterades Fader Moon i Pyongyang i

Nordkorea. Han förhördes under tortyr av en före detta präst som tappat sin tro och som såg som sin främsta uppgift att få andra troende att göra likadant. Han torterade många som då bad till Gud om hjälp i sina plågor. Men när tortyren fortsatte och ingen hjälp kom förlorade de till slut hoppet och började till slut att förbanna den Gud som övergett dem. Då var torteraren nöjd, han hade uppfyllt sitt mål. Han förväntade att Fader Moon skulle göra som de andra, men en lång tid av tortyr med olika metoder (en expert från Sovjetunionen var där som rådgivare), tycktes inte knäcka Fader Moon. Torteraren hade som vana att tjuvlyssna till offrens böner, men maken till Fader Moons böner hade han aldrig hört förut.

Moon bad nämligen inte Gud om hjälp utan försökte i stället att trösta Gud, eftersom han förstod hur plågsamt det måste vara för den Himmelske föräldern att bevittna det hela.

Fader Moon försäkrade därför Gud att Han inte behövde oroa sig; han, Sun Myung Moon, hade tränat sig själv att utstå tortyr, han genomled det gärna, om det kunde vara till hjälp för Guds frälsningsplan. När torteraren hörde detta brast hans hjärta och med tårarna rinnande nedför kinderna förklarade han för

Moon, att han var evigt förtappad, att han var den värsta syndaren av alla, han svikit Gud, sina medmänniskor och sig själv. Fader Moon tröstade honom och sade att det alltid fanns förlåtelse och möjlighet att börja ett nytt liv.

Torteraren och den sovjetiske rådgivaren förklarade då Fader Moon oskyldig och han släpptes fri. Detta dokument om frisläppandet finns bevarat.

Fader Moon kommenterade senare att när han hörde att den sovjetiske rådgivaren också förklarat honom oskyldig, kände han på sig att en gång i framtiden skulle han möta Sovjetunionens ledare. Många år senare träffades Fader Moon och Mikhail Gorbatjov, både i Moskva och i Seoul. Gorbatjov sade då: "Fader Moon är min broder".

Naturligtvis finns det mycket att berätta om vad som hänt under Fader Moons många fängelsevistelser, men jag nöjer mig med detta eftersom jag tycker det ger en viktig insikt i vår undran om " Vem är Fader Moon?"

4.   Kalla kriget

En viktig del av Fader Moons aktiviteter var kampen mot kommunismen. För Fader Moon var kommunismen en destruktiv rörelse, en förespråkare för ateism och våld, byggd på lögn och ett försök att bygga en ideal värld, men utan Gud, utan en förståelse för tillvarons andliga, inre sida, och därför dömd att misslyckas, men under sina födslovåndor, sin verksamhet och under sin dödskamp i stånd att förorsaka mycket mänskligt lidande. Därför ägnade Fader Moon mycket tid, energi och resurser att bekämpa denna rörelse.

Med utgångspunkt från Moons förståelse av livet och kosmos, de så kallade Unification Principles (enkelt uttryck naturlagarna, gällande inte bara det fysiska universum, utan alla aspekter av Guds skapelse), utarbetades en kritik och ett motförslag avseende marxism-leninismen samt den dialektiska historiesynen med klasskampteorin och den ekonomiska teorin. Denna kritik fick speciellt i Asien och Latinamerika stor påverkan på många marxister och fick många att frångå kommuniströrelsens bärande idéer. Idag hittar vi arvet från kommunismen i Kina i enpartistaten, men inte i ideologin eller i ekonomin samt naturligtvis i mardrömssamhället Nordkorea.

Under 1970-talet utbildas samtliga, inklusive värnpliktiga, i det sydkoreanska försvaret i denna antikommunistiska lära. Som ett kuriosum kan jag nämna, att när Fader Moon 1971 ville resa in i USA vägrades han visum på grund av att han misstänktes vara kommunistisk agent! Han fick då avvakta en vecka i Kanada, innan några amerikanska politiker kunde gå i god för honom. Hur kunde detta ske?

Saken var den att när Fader Moon studerade i Japan 1941-43 lärde han känna några koreanska studenter, som liksom han själv var aktiva i den koreanska rörelse som arbetade för Koreas frigörelse från Japan. Många av dem var kommunister, och då Fader Moon greps av den japanska säkerhetspolisen och torterades för att namnge sina kamrater valde han att hellre uthärda tortyr än att förråda sina kamrater. Då drog säkerhetspolisen slutsatsen att han själv var kommunist.

Bevis saknades dock och Moon släpptes för att i stället hårdbevakas. Säkerhetspolisens rapport fanns kvar när USA efter andra världskriget ockuperade Japan. Till saken hör också att Fader Moon reste till USA via Japan och hade ansökt om USA-visum på den amerikanska ambassaden i Tokyo.

Fader Moons antikommunistiska aktiviteter tog sig många uttryck. Den japanska rörelsens mångårige ledare, Osami Kuboki, en mycket fängslande personlighet, arrangerade möten i Japan för World Anti-Communist League (WACL), den ledande antikommunistiska organisationen i Asien, med stöd av regeringarna ibland annat Japan, Sydkorea och Taiwan.

Jag deltog själv en gång vid ett WACL-möte 1977 i Sydkorea. Man tyckte det skulle vara bra med lite internationell färg över det hela, så jag och en vän från Finland, Yrjö, ställde upp. Yrjö bar den svenska flaggan och jag sade några ord. Eftersom min pappa är från Österbotten, så berättade jag att österbottningar både under inbördeskriget 1918 och under vinterkriget 1939 - 1940 kämpat med vapen i hand mot kommunismen.

Dessa ord belönades med dånande applåder, och både Yrjö och jag kände en fläkt från det trettioåriga kriget då svenska och finska bondpojkar kämpat mot rikets fiender, då mot katolicismen, nu mot kommunismen. Under åren i Sydkorea fick jag ofta representera Sverige och vid ett tillfälle också Danmark. Jag minns hur jag nickade instämmande när folk berättade om hur mycket de älskade H. C. Andersen och "den lille havfrue".

Mina inhopp har ju inte lämnat några spår i världshistorien, men det har sannerligen Fader Moons!

Ett av de viktigaste bidragen kunde ske genom skapandet av The Washington Times. Det finns ju många tidningar och övriga massmedier, då som nu, men de har sällan någon klar inriktning förutom att dra in pengar för sina ägare eller för sin egen överlevnad.

Under 1960- till 1980-talen blev många journalister och intellektuella i allmänhet ganska vänsterinriktade, eftersom sovjetagenter arbetade målmedvetet under det kalla kriget för att försvaga västmakterna. Det var statsmakterna medvetna om, men hade svårt att göra något åt detta. I Sverige hade vi till exempel Styrelsen för psykologiskt försvar, som försökte stärka försvarsviljan.

Det fanns på 1980-talet över 1700 dagstidningar i USA, men så gott som alla var liberala. De kritiserade allt i väst, men knappast någonting i öst. Bara i Washington Times avslöjades den sovjetiska infiltrationen. Därför vände sig konservativa och folk från CIA, som aldrig tidigare haft chansen att få sitt material om sovjetiska aktiviteter i England, Frankrike, Italien och andra västländer offentliggjort, till

Washington Times. Det blev nu en ny situation i det amerikanska medielandskapet. De konservativa krafterna, som tidigare saknat en plattform, kunde organisera sig och skapa en motvikt till det liberala inflytandet över regeringen. Olika sidor av kommunistiskt underminerings-arbete började nu bli avslöjade.

På basis av den information som Washington Times publicerade, kunde nu radiostationer som hade sändningar riktade mot Östeuropa, exempelvis Voice of America, rapportera om sovjetisk strategi och sovjetiskt agerande i världen med större prestige, eftersom källan var en ledande amerikansk dagstidning i Washington som dessutom hade den amerikanska regeringens, under president Ronald Reagans tid, öra.

Det gjorde det lättare för de sovjetiska satellitländerna i Östeuropa att se den sanna bilden av Sovjetunionen och på så sätt bli mer kritiska. World Media Association (WMA), som likt Washington Times skapats av Fader Moon, började anordna så kallade "Fact-finding tours" till Sovjetunionen. Ledande liberala journalister bjöds in till Moskva.

När dessa återvände hade de fått nya insikter om den sovjetiska verkligheten och insåg att Washington Times var välinformerad. Till en början ville den sovjetiska ambassaden i Washington, D. C. inte ge visa till journalisterna eftersom den visste att Fader Moon, en ökänd anti-kommunist, låg bakom WMA och Washington Times. Eftersom det emellertid rörde sig om välkända amerikanska journalister kunde de till slut inte vägra, då de fruktade att dessa vänsterliberala journalister skulle bli irriterade.

När ryssarna såg vilka toppkrafter inom massmedia som kom, rullade de i stället ut röda mattan. Nu började Pravda, Izvestija och nyhetsbyrån Novosti att sträva efter att öka kontakterna med Washington Times och WMA. På det sättet kunde ryska massmedier anknytas och de kunde senare stötta den ryska regeringen, när den började göra förändringar i politiken med Gorbatjovs "perestroika" och "glasnost".

Gorbatjov hade ju tillsammans med sin utrikesminister, Eduard Sjevardnadze, kommit fram till att landet inte kunde fortsätta i samma hjulspår som tidigare.

Inför toppmötet i Reykjavik hade president Ronald Reagan träffat Washington Times chefredaktör Arnaud de Borchgrave, som på uppmaning av Fader Moon starkt underströk för Reagan att han måste hålla fast vid vad som populärt kallades "Star Wars"-programmet – Strategic Defense Initiative (SDI) - trots många påtryckningar av motsatt karaktär.

Reagan följde Fader Moons råd, med påföljd att Gorbatjov insåg att han måste ompröva Sovjetunionens politik radikalt eftersom den sovjetiska ekonomin inte tålde de väldiga investeringar som SDI skulle innebära.

President Reagan konstaterade därför när han summerade sin politiska gärning: "Oh, yes, we won the Cold War, but we couldn't have done it without The Washington Times!"

5. Ryssland, Kina och Nordkorea

Det kalla kriget kan sägas ha avslutats under åren 1989 - 1991 när Berlinmuren föll och Sovjetunionen upplöstes, men naturligtvis återstod många problem som det kalla kriget fört med sig och alla grundproblem som förorsakade det hade inte lösts. För att förstå Fader Moons agerande under det tidiga 1990-talet måste vi hålla i minnet hur han uppfattade sin uppgift.

Eftersom människan, mannen och kvinnan, ännu inte gjort det möjligt för Gud att helt uppfylla människornas hjärtan, så var det Fader och Moder Moons uppgift att möjliggöra detta genom att stå som mänsklighetens Sanna Föräldrar, i motsats till den bibliska berättelsens Adam och Eva, som fallit under ärkeängelns, Djävulens kontroll. Det räckte inte med att göra detta symboliskt eller teoretiskt, det måste göras på ett reellt sätt.

Människor är ju medborgare i olika nationer och på ett globalt plan är nationerna aktörerna. Till exempel i FNs generalförsamling är det som bekant representanter för nationer som har rösträtt, inte enskilda personer. De mäktigaste nationerna är de fem ständiga medlemmarna i säkerhetsrådet. 1945 var Storbritannien och Frankrike viktiga i kraft av sina världsomspännande imperier, men 1990 var deras makt starkt reducerad och utan tvivel är USA, Ryssland och Kina mest inflytelserika nuförtiden. Fader Moon kände därför att för att kunna stå som en av mänsklighetens Sanna Föräldrar i framtiden måste han på något sätt få erkännande av dessa tre stater. Hittills hade han länge betraktats som en skum sektledare och som kommunismens fiende.

Efter fängelsevistelsen i Danbury hade som vi sett opinionen bland religiösa ledare i USA svängt, och Washington Times hade gjort att det politiska etablissemanget numera tog Fader Moon på största allvar. President Reagans erkännande av WTs betydelse för USAs seger i det kalla kriget speglar detta. Hans efterträdare George H. W. Bush och dennes hustru Barbara deltog senare i många möten som Fader Moon arrangerade i Japan och Latinamerika. Tyvärr följde parets son George W. Bush inte Fader Moons råd lika bra som sina föräldrar, utan att fastnade i krig i Irak såväl som i Afghanistan. Men i USA fanns ändå ett fundament.

Beträffande Sovjetunionen gick det också bra. Genom WMAs aktiviteter hade de ledande kretsarna inom staten, partiet och KGB fått en god bild av Fader Moon och denne inbjöds till Moskva i april 1990; han togs emot med alla hedersbetygelser normalt reserverade för statsöverhuvuden. Där mötte Moon president Mikhail Gorbatjov, både på konferensen och enskilt, där Moon gav Gorbatjov goda råd vilka denne också i mån av möjlighet följde.

Tyvärr avsattes Gorbatjov i ett försök till statskupp av gammelkommunister 1991, och även om kuppen slogs ned efter tre dagar av styrkor lojala gentemot Boris Jeltsin som därefter tog över makten, gick värdefull tid gick förlorad. Ryssland fick växande problem, som president Vladimir Putin endast delvis kunde råda bot på sedan han kommit till makten år 2000. Under Bill Clintons år i Vita Huset 1993 - 2000 saknades dessutom en klar amerikansk strategi för att uppnå rysk-amerikanskt partnerskap. Som några ryssar uttryckt det: "Vi trodde amerikanarna var våra vänner, men de struntar i oss".

När Fader Moon avreste från Moskva-mötet med Gorbatjov anmärkte han till sin vän och nära medarbetare Bo Hi Pak (som förresten var i Sverige för några år sedan och som är en stor vän av Emanuel Swedenborg): "Jag måste träffa Kim Il Sung före utgången av år 1991. Sovjetunionen står inför sin kollaps och de flesta andra kommunistregimer kommer att falla. Då kommer Nordkorea bli isolerat, och trängt i ett hörn kanske regimen gör något desperat och ett nytt Koreakrig kunde bli följden".

En mer detaljerad redogörelse för mötet mellan Kim Il Sung och Fader Moon i Pyongyang i november 1991 finns i Moons självbiografi, så jag tänker inte skriva något mer om det. Det är en källa tillgänglig för alla och jag ingen ytterligare information att bidraga med. Däremot kan jag tillägga något om hur mötet kom till stånd, vilket jag hört av inblandade personer muntligt, så dessa informationer kanske inte finns allmänt tillgängliga.

Mötet mellan Fader Moon och Kim Il Sung kunde ske tack vare kinesisk medling. Den nordkoreanska regeringen såg på den tiden Fader Moon som sin största fiende, som en ledare av en anti-kommunistisk rörelse som hade Nordkorea som sitt främsta mål att "avkommunisera". När Bo Hi Pak kontaktade Nordkoreas vice statsminister Kim Dal Hyun var svaret därför bestämt avvisande.

Så hur kom det sig att nordkoreanerna ändrade sig och bjöd in Fader och Moder Moon till Nordkorea? Till stor del låg skälet därtill hos den kinesiska regeringen.

Deng Xiaoping, som tog över ledningen av Kina efter Maos död och de fyras gängs fall och som var den som stod i spetsen för de ekonomiska reformer som förvandlade Kina, hade en son Deng Pufang vilken var ledare för det kinesiska handikappförbundet. Han hade kommit i kontakt med Women´s Federation for World Peace, som Moder Moon var ordförande för. Dessa kontakter ledde till att Han Construction Company (HCC), grundat av Fader och Moder Moon ("Han" var Moder Moons flicknamn) fick kontrakt på olika byggprojekt i Kina. Detta samarbete ledde till ömsesidig belåtenhet och respekt.

Vid ett tillfälle skulle en stor hamnanläggning byggas vid Guangzhou, men av olika skäl fick inte HCC det utlovade projektet på grund av lokal korruption. Pinsamt, tyckte den kinesiska regeringen och frågade Fader Moon hur de skulle kunna gottgöra denna fläck på den kinesiska nationens ära. Fader Moon föreslog då att de skulle skänka en dollar per kines till hans rörelse, och den kinesiska regeringen tyckte det lät som en bra idé så den kinesiska staten skänkte Unification Church cirka 1,2 miljarder US dollar.

Samtidigt hade den kinesiska regeringen fått hjälp av WT och dess nätverk, när de försökte etablera kontakter med amerikanska politiker, affärsmän och mediafolk. Detta gav upphovet till anklagelsen om att Kina köpte inflytande i Washington!

Men samarbetet mellan Kina och Fader Moon fick också andra verkningar. När Sovjetunionen upphörde med sitt ekonomiska stöd till Nordkorea, kom naturligtvis landet i ekonomiska svårigheter. Man vände sig till Kina och vid ett möte med Kim Il Sung i Beijing uppmanade de kinesiska ledarna Kim att genomföra ekonomiska reformer och tillåta utländska investeringar. Kim Il Sung svarade då att utlänningar var korrumperade och att han ville bevara nationen ren från dylikt.

Till Kim Il Sungs förvåning svarade då de kinesiska ledarna, att om han var rädd för korruption kunde han ju arbeta med sin egen landsman, Moon Sun Myung (enligt koreanskt sätt att skriva nämns familjenamnet först). "Vi har arbetat i flera år med hans bolag i flera år och han och hans folk är absolut hederliga, står alltid vid sitt ord och är garanterat fria från korruption", förklarade de.

Detta öppnade nya tankebanor för Kim Il Sung och den nordkoreanska regeringen, och det var detta som ledde till paret Moons besök i Nordkorea och vidare till ett antal olika industriella samarbetsprojekt, bland annat i form av en bilfabrik. På så vis var det tack vare Kina som Kim Il Sung och Fader Moon kunde krama om varandra likt Esau och Jakob i Bibeln och därigenom undvika att upprepa Kains och Abels tragedi.

6. Vägen

Vad är då Fader Moons budskap? Vad är det som folk från alla delar av världen lyssnar till? Vad gör hans budskap så intressant för statsmän som Mikhail Gorbatjov och Kim Il Sung? Ett svar kommer från teologie doktor Bertil Persson, Sveriges kanske främste religionsvetare: "Fader Moon är den ende i världen som alltid pratar om Gud". Jag tror Persson har slagit huvudet på spiken. Det finns många som pratar och verkar för fred och social rättvisa, många som pratar och vet mycket om och utövar religion och som kämpar för mänskliga rättigheter, men bara en som med en dåres envishet för allt tillbaka till Gud. I detta var Fader Moon unik och därmed oumbärlig.

Eftersom alla nog håller med om att mänskliga problem – sociala orättvisor, konflikter och så vidare – inte kan lösas om vi inte går in i problemets kärna. Och problemets kärna finns inuti mig själv. Kan vi knyta an till vårt hjärtas innersta, och därmed till det vi kallar Gud, har vi tagit det första steget till att lösa världsproblemen. Vad Fader Moon vill lära oss är att gå vägen han själv gått och som går till Gud, att bli ett med Gud och med kosmos.

Jag vill nu, kortfattat och så gott jag kan, beskriva "Vägen", som var det uttryck som antikens kristna enligt Nya testamentet i Bibeln använde om Jesu budskap. Det förtjänar att påpekas, att vi alla går den vägen mer eller mindre långt, utan att ens tänka på det.

Fader Moon har talat om två åttafaldiga vägar, en yttre och en inre. Den inre är den som leder hjärtat till mognad och att bli ett med det vi kallar Gud. Den yttre är vår relation till vår omgivning, också den med hjärtat i centrum.

Först, vad menar vi med hjärta? Man brukar säga att det mänskliga sinnet har tre funktioner: känsla, förnuft och vilja. Vad är då hjärtat? Det vi kallar hjärta är människans innersta och det som styr de tre sinnesfunktionerna, om kroppen och själen är ett. Den bästa definitionen på hjärta är att det ger den oemotståndliga känslomässiga impulsen att ge kärlek. En människa som följer sitt hjärta och samvete är en mogen människa. Hjärtat verkar framförallt genom våra känslor. Med vårt förnuft kan vi ställa upp realiserbara mål grundat på hjärtats val och med vår vilja kan vi arbeta för att förverkliga dessa mål.

Om själ och kropp samt ord och handling är ett, kan mycket uträttas på kort tid. Tyvärr är människan alltsedan det så kallade syndafallet en varelse som ofta drivs av dunkla passioner, som inte har så mycket med Guds hjärta att göra och som ofta har svårt att "göra det goda jag vill göra, utan ofta gör det onda jag inte vill göra", för att knyta an till aposteln Paulus. Vad Fader Moon strävar efter är att återknyta människans hjärta till Guds hjärta.

Hjärtats inre åttafaldiga resa börjar man som tjänarens tjänare, sedan tjänare, så adopterat barn, så utomäktenskapligt barn, sedan som barn, sedan som modershjärta, fadershjärta och så slutligen ett Guds hjärta. Fader Moon vandrade och öppnade den vägen (sju gånger död och uppståndelse).

Hjärtats yttre resa börjar man som individ, man förenar själ och kropp, sedan omfamnar man med sitt hjärta sin familj, sin släkt, sitt samhälle, sin nation, sin värld, sitt kosmos och slutligen sin Gud. Hur går det till? Helt enkelt genom att man hamnar i situationer där man kan uppleva olika slags relationer och bemötas på olika sätt och alltid sträva efter att skapa en harmonisk omgivning, att alltid bli en vinnare.

När man kommer i en ny omgivning, till exempel en ny arbetsplats, är det alltid bra att till en början hålla en låg profil, hjälpa till utan stora åthävor, med andra ord vara som en tjänares tjänare. När man successivt blir accepterad kan man gradvis utveckla sin relation till sina arbetskamrater. Sedan har man närmare relationer till människor i andra sammanhang.

Poängen är att sträva efter harmoni, inom sig och med sina medmänniskor, att mogna som människa och att till slut kunna hantera alla situationer och möta alla människor med ett levande hjärta, att "gå i en tjänares skepnad men med en faders hjärta", att vara som Gud, att vara ett med Gud, att vara Guds manifestation.

Vad är skillnaden mellan att vara ett adopterat barn, ett utomäktenskapligt barn och ett barn, kanske någon undrar?

Vi ärver allt från våra förfäder. Vårt DNA är till 100 procent ett arv, därför är släktlinjen viktig – på gott och ont. Ett adopterat barn tillhör en annan släktlinje. (Kristna kan kalla Gud Fader, men de är pånyttfödda i hoppet och väntar på det verkliga barnaskapet). Vidare är ett utomäktenskapligt, ej erkänt barn, traditionellt inte arvsberättigat. De olika benämningarna på barn är till för att belysa hjärtats olika status i relationerna till människor, kosmos och Gud.

På liknande sätt betecknar modershjärtat förmåga till total offervilja och total hängivenhet, medan med fadershjärtat finns både offerviljan och hängivenheten men också insikten om helheten samt förståelsen av att man för helhetens skull måste offra sin egen vilja. I H. C. Andersens saga "Historien om en moder" ser vi detta belyst. Döden kommer för att hämta ett barn och modern försöker desperat rädda det, men till slut ber hon till Vår Herre att Hans vilja må ske.

Hur vet man att man gått från ett stadium till ett högre? Det kan vara svårt att själv se detta – det är andra som avgör det. När omgivningens attityd till en ändras förstår man att man själv förändrats, det är också en sida av mottot "att leva för varandra" och därmed också med varandra. Enligt min erfarenhet saknar exempelvis mobbare ofta självinsikt och tror själva att de är trevliga och omtyckta.

Mognad är ju det vardagliga uttrycket för hjärtats utveckling. För att man skall mogna å hjärtats vägnar är den första tiden, den tidiga barndomen, naturligtvis mycket viktig. Man brukar säga att man vid treårsåldern etablerar sin identitet. Kärleksfulla föräldrar är därför basen för människans utveckling och därmed för att samhällslivet i övrigt skall kunna blomstra.

I själva verket kan vi se familjen som kärlekens skola. Som barn tar man emot kärlek från sina föräldrar och från sina mor- och farföräldrar. Som syskon lär man sig att handskas med en annan typ av relationer, som man och hustru ytterligare en annan och sedan som förälder har man möjligheten att utveckla den villkorslösa, allom utgivande kärleken, det vill säga Guds kärlek.

Vi tycker synd om föräldralösa barn och barn som växer upp i en kärlekslös omgivning därför att vi vet att dessa barn får en extra tung börda att bära i livet. Vi tycker också synd om gamla människor som är barnlösa. Deras chanser av att uppleva äkta kärlek har varit mindre än den kunnat vara.

Det är genom relationer vi utvecklar vår identitet, vår förmåga att ge och ta emot kärlek. Det är syftet med vår stund på jorden.

7.   Personliga möten

Jag har haft förmånen att möta Fader Moon många gånger under åren, dels har jag lyssnat till hans tal i olika sammanhang, dels har jag också haft möjligheten att tala direkt med honom vid olika tillfällen och det har glatt mig mycket att han då har kommit ihåg mig från tidigare möten. Först vill jag emellertid berätta, varför jag överhuvudtaget blev en efterföljare till Fader Moon. I min gröna ungdom, under det glada 1960-talet, var jag, som så många andra ungdomar då, intresserade att förändra världen till det bättre. Vänstern växte sig stark, men kommunismens väldiga mordorgier skrämde bort många och jag sökte efter andra vägar. Efter många om och men kom jag sommaren 1972 fram till att vad världen behövde var en ny Konfucius, men en som kände Abrahams, Isaks och Jakobs Gud.

Jag till och med undrade om jag kunde bli en sådan men kom dessbättre fram till att detta låg utanför min kapacitet. Istället bestämde jag mig för att om jag fann någon sådan skulle jag bli hans lärjunge.

Under mina studieår på universitetet hade jag lärt känna en student från Pakistan som, ovanligt nog för det landet, var kristen. Han hade fått en lapp i brevlådan på det studenthem han bodde i, som innehöll en inbjudan till en ny kristen grupp. Ingenting för mig, eftersom jag redan avskrivit de kristna då jag tyckte att de i jämförelse med kommunisterna saknade ett realistiskt program för att göra världen bättre. Min studentkompis bad mig dock att följa med honom, för han ville inte gå ensam. Man vill ju stötta sina vänner, så jag följde honom till en liten lägenhet på Luntmakargatan i centrala Stockholm.

Där fanns några kvinnor, två av dem från Tyskland, som kommit för att introducera Unification Church – som i Sverige kallades Tongil-familjen - i Sverige. Jag slog mig ner i ett hörn och överlät konversationen till de övriga närvarande. När det gått omkring tio minuter, kände jag plötsligt att Gud kommit in i rummet. Han stod bakom mig, lade sina händer på mina axlar och sade: "Det är din plikt att tillbringa resten av ditt liv med detta".

Jag blev lite överraskad, men det hela verkade så naturligt och självklart, att jag accepterade det utan tvekan – ingen mening att argumentera med Gud, tänkte jag, Han vet nog vad Han gör.

Jag beslöt då genast ta reda på vad "detta" var och förstod att rörelsens grundare var från Korea. Kina eller Korea, det kan nog gå på ett ut, tyckte jag och ställde frågan: "Är den här Moon en ny Konfucius?" De svarade: "Ja" och då var ju saken klar för mig!

På den tiden fanns möjligheten att få Fader Moon som äktenskapsmäklare, han tycks redan från barndomen ha haft en känsla för vilka äktenskap skulle få en lyckad utgång och i hans hemby blev han ofta tillfrågad huruvida de tilltänkta äktenskaps-kandidaterna var lämpliga för varandra. Det är ju en grannlaga uppgift, eftersom alla inblandade parter måste bli nöjda, vilket inte alltid är så lätt. I mitt fall var fader Moon tvungen att ge fyra förslag innan alla var nöjda. Men slutet gott, allting gott och Toshiko och jag fick genom honom Himlens välsignelse.

Vid andra tillfällen har jag haft turen att dela några upplevelser med Fader Moon. En gång 1974 i Belvedere, utanför New York, frågade han mig om min bakgrund, utbildning, framtidsplaner med mera och en annan gång i Orlando i Florida 1978, fick jag honom att skratta hjärtligt genom att diplomatiskt svara på frågan om jag tyckte bäst om Japan eller Korea, när både några japaner och koreaner var närvarande. Jag sade nämligen att Japan var som en mor och Korea som en far och att man inte borde skilja på föräldrarna.

Den djupaste upplevelsen med Fader Moon var dock ordlös. Vid ett tillfälle kom musiker från USA till England för att göra en turné och där stötta missionsarbetet. De spelade så vackert, så plötsligt flödade mina ögon över av tårar.

Jag såg då att Fader Moon såg stadigt på mig och jag kände att det var hans tårar jag grät, han grät genom mig. Han kunde inte vara alltför öppet känslosam, hans officiella jag behövde vara glatt och uppmuntrande. Moon såg på mig och när han kände att jag förstod, log han och nickade. För ett ögonblick var vi förenade och delade denna upplevelse tillsammans. Det är nog mitt käraste minne av Fader Moon!

Över huvud taget känner jag en stor tacksamhet varje gång jag tänker på Fader Moon, inte nog med att han gav mig min fru och därmed mina söner, han gav mig också chansen till ett rikt liv. Under de tolv år jag arbetade som missionär, 1973 - 1986 samt ett återfall i Afrika 1996, fick jag tillfälle att möta många människor i skilda miljöer; rika och mäktiga, kriminella, fattiga och utslagna. En missionär kan lätt få kontakt med alla slags människor på ett naturligt och avspänt sätt.

Det gör att man får chansen att själv lära sig att respektera och älska alla människor, man blir till slut helt fri. Jag kan därför livligt rekommendera alla ungdomar att ägna några år av sina liv åt ideellt arbete för någon frivilligorganisation, utan politisk anknytning. Tiden för politiska och religiösa organisationer är nämligen på väg att rinna ut.

Genom mina upplevelser med Fader Moon har mitt sinne vidgats. Jag ser Fader Moon som en människa som helt och hållet kunnat uppfyllas av Guds ande. Därigenom har vägen öppnats för mig att bli ett med Gud och kosmos. Det samma gäller för Dig, kära läsare! Det är i sanning märkliga tider vi lever i!

8. Sveriges folk – ett Guds folk

Det faktum att jag i unga år mötte Fader Moon har naturligtvis varit avgörande för mitt liv och för hur detta har gestaltat sig, och för detta är jag självklart innerligt tacksam.

Det finns också tusentals, kanske miljontals människor som står i samma tacksamhetsskuld som jag gentemot Fader Moon, men i övrigt, för världen som helhet, vad har Fader och Moder Moon för betydelse för den? Har de någon inverkan på världshistorien?

Vi kan betrakta mänsklighetens historia från olika aspekter. Vi kan till exempel se den som en utveckling där olika skeden avlöser varandra. Vi kan tala om antiken, medeltiden och nya tiden, vi kan tala om axialperioden, Atlant- och Stilla havsepoken med mera; vi kan se förändringarna som svar på olika utmaningar som mänskligheten ställts inför.

Många historiefilosofier har sett dagens ljus och under de senaste århundradena har Hegels filosofi, och dennas påverkan på Karl Marx och hans tänkande, haft en stor inverkan. För ett tag sedan proklamerade Francis Fukuyama "The End of History", syftande på att kampen mellan totalitär socialism och demokratisk liberalism i västerlandet slutat med den senares seger.

Ser vi på Sverige syns ju tydliga tecken på att fler och fler inte längre kan se att socialismen och den politiska vänstern har några svar på 2000-talets nya utmaningar. Det ligger dock i människans natur att söka ständiga förbättringar, så vad kan vi se om vi ser framåt och vad är Fader Moons vision för framtiden?

Fader Moon ser att roten till mänsklighetens problem och den yttersta orsaken till allt våld och allt mänskligt lidande det ger upphov till, ligger i människans förhållande till sin egen inre människa och det vi kallar Gud.

Först måste vi finna en inre harmoni, följa vårt samvete och få balans mellan förnuft, vilja och känsla. Därefter kan människan skapa kärleksfulla relationer. Det är därför som familjen är samhällets egentliga grundval: om man och hustru kan skapa ett innerligt förhållande, kan de sedan som föräldrar ge barnen en känslomässig trygghet som gör att dessa får en stabil identitet och kan utvecklas till mogna och utgivande individer.

Individer, familjer och samhällen kan dock utplånas på ett ögonblick, varför frågan om fred i världen är oundviklig. Fader Moon initierade och presenterade många praktiska förslag för att jämna vägen till världsfred.

Religionsstrider är ett allvarligt hot mot freden och mänskligheten i stort. Fader Moon startade därför MEPI, Middle East Peace Initiative, med syftet att utjämna motsättningar mellan judar, kristna och muslimer, bland annat genom att sikta mot gemensamma gudstjänster på Tempelberget i Jerusalem.

Om USA och Ryssland arbetar ihop kan många problem lösas, och tvärtom – om USA och Ryssland arbetar emot varandra blir det mesta blockerat. Om länderna kring polcirkeln, USA, Kanada, Ryssland och de fem nordiska länderna, bildade något slags union skulle mycket vara vunnet.

Ett första steg skulle kunna vara en tunnel under Berings sund, ett förslag som både president Jeltsin på sin tid och president Putin offentligt uttalat sitt stöd för. Detta skulle i sin tur vara en del av ett världsomfattande nät av järnvägar och motorvägar i syfte att knyta ihop världsdelarna, ett förslag som Kina tagit till sig.

När detta skrivs är dock spänningen mellan länderna alltför stor för att seriösa diskussioner skall kunna föras i denna fråga. Denna situation gör det nödvändigt för Sverige att snabbt rusta upp, vilket blir dyrt och besvärligt efter år av försummelser. Förhoppningsvis kan dock spänningen minskas exempelvis med hjälp av det arktiska rådet. Mötet mellan den amerikanske utrikesministern Kerry och den ryske Lavrov i maj 2014 i Kiruna ledde ju till att de kemiska vapnen i Syrien kunde oskadliggöras.

Att få USA, Ryssland och Kina att samarbeta för att minska spänningen på Koreahalvön, var en annan fråga som Fader Moon engagerade sig i.

Konflikter kan dock lösas i grunden först när man löst den djupast liggande orsaken som återfinns i människornas hjärtan.

De första människorna, myternas Adam och Eva, Ask och Embla, skulle ha blivit Guds tempel och därefter bildat familj som skulle ha blivit Guds familj. Detta skedde inte, de förenade sig i stället med Satan och mänskligheten utvecklades till så att säga fallna människor, som snarare vore Djävulens avkomma istället för Guds. Därför säger Jesus i

Johannesevangeliet 8:44: "Ni har djävulen till fader och ni vill göra vad er fader önskar. Han var en mördare från första början, och han står utanför sanningen därför att någon sanning inte finns i honom. När han ljuger, talar han med egna ord, ty han är en lögnare och lögnens fader".

Därför måste människan bli född på nytt för att åter tillhöra Guds blodslinje, som det var meningen från början.

För att bli född på nytt krävs nya föräldrar och Jesus kom som en ny fader för mänskligheten, hans inre jag var från Himlen, och fri från Satans anklagelser. Men man dödade honom innan han kunde finna sin brud, och därför lovade han att komma tillbaka: brudgummen skulle komma åter och finna sin brud och fira lammets bröllop.

Den familjen är hörnstenen i Guds rike! Under tiden blir de kristna pånyttfödda i hoppet och får andlig frälsning.

Många har försökt skapa en ny värld, den drömmen ligger i botten på de kommunistiska och nazistiska rörelserna och i drömmen om kalifatet, som den så kallade Islamiska staten (IS) förespråkar, men om den byggs på våld och har som förutsättning att fienden skall utplånas är det Satans plan.

Under 1900-talet fick drömmen om Guds rike i Sverige en alltmer sekulär prägel, uttryckt i byggandet av det så kallade folkhemmet och välfärdsstaten. Men ursprungligen hade detta en andlig inriktning. Socialdemokratin och Per Albin Hansson var starkt påverkade av ungkyrkorörelsen och biskop Manfred Björkquists slogan, "Sveriges folk – ett Guds folk", inte minst genom Sigtunastiftelsen.

Den visionen för Svenska kyrkan försvann gradvis och under 1960-talet blev inte Guds-visionen så central längre, man antog ett mer religionssociologiskt perspektiv och ville ge medlemmarna vad de ville ha. Eftersom kyrkoråden är politiskt tillsatta var det ju inte konstigt att många kom att uppleva Svenska kyrkan som tämligen oandlig, snarare som ett statligt ämbetsverk som har hand om födslar, bröllop och begravningar. Tecken tyder dock på att Manfred Björkquists vision står inför en renässans. Detta ger hopp om framtiden! Fader Moons ankomst till denna jord utlöste utvecklingen av en ny tidsålder, där varje människa skall få sin rätt och alla ska kunna leva ett människovärdigt liv.

Vårt motto är därför:

Låt oss skapa ett kärleksfullt samhälle,

genom att praktisera hjärtats logik,

i likhet med vår Skapare,

den Himmelske Föräldern.

Bilaga

Alla längtar efter äkta kärlek

Tal av Sun Myung Moon den 20 november 1990 inför religiösa ledare från Chicago.

Mina damer och herrar!

Vad är det viktigaste av allt, det vi behöver mer än någonting annat? Det är äkta kärlek. Äkta kärlek är viktigare än livet självt och viktigare än både luft och vatten.

Varför är äkta kärlek så värdefullt och viktigt? Det är så, därför att det är på det sättet vi kan möta Gud. Precis som människan vill möta Gud, så vill också Gud möta äkta människor på grund av kärlek. Den kärlek genom vilken Gud kan se, känna och dela med män och kvinnor, är samtidigt den kärlek genom vilken män och kvinnor kan älska varandra. Om det fanns något som var värdefullare än kärlek i universum, skulle män och kvinnor bekämpa varandra för att få det. Men när vi förstår att äkta kärlek är det viktigaste av allt, kan vi istället sträva efter att leva för varandra och bli ett med varandra, och dela lyckan att få älska tillsammans.

Alla längtar efter kärlek. Kärlek är det enda som kan tillfredsställa människans behov. Det är människans, och Guds, längtan efter kärlek som gör Guds frälsningsarbete möjligt.

I grunden tillhör kärleken Gud. Men inte ens Gud kan äga kärleken alldeles ensam. Kärlek kräver ett ömsesidigt förhållande. En ensam man eller en ensam kvinna kan inte uppleva kärlek. Kvinnor finns för mäns skull och män finns för kvinnors skull. Vilka vi än är längtar vi i vårt hjärta efter en partner att ge och få kärlek av i högsta möjliga grad.

När vi betraktar universum, finner vi att allting existerar i parförhållanden. I mineralriket ser vi förhållandet mellan plus och minus. I växt- och djurriket och i människornas värld ser vi förhållandet mellan maskulinitet och femininitet. Det är så därför att Gud skapade universum för att kunna ge uttryck åt kärlek. Alla ting och alla varelser längtar efter att uppleva kärlek genom ett parförhållande. Kärlek är det enda som man inte kan äga ensam. När vi å andra sidan funnit en kärlekspartner kan vi uppleva och bli del av hela universum. På samma sätt behöver en man och en hustru barn för att kunna uppleva föräldraskapets djupa glädje.

Vi kan alltså säga att Gud skapade människorna och universum som sina partners för att manifestera äkta kärlek. Alla former av kärlek - barnakärlek, syskonkärlek, äktenskaplig kärlek och föräldrakärlek - uppstår genom en förening mellan subjekt- och objektspartners. När två partners bli ett i äkta kärlek är det omöjligt att separera dem. Om det blir en separation förstörs den äkta kärleken. Där det finns äkta kärlek finns därför ingen skilsmässa.

När en man känner kärlek, uppstår den känslan inte bara från hans eget inre. Känslan väcks till liv tack vare en särskild kvinna. På samma sätt uppstår kärleken i en kvinnas hjärta inte av sig självt, utan genom den man hon älskar. Kärleken tillhör med andra ord ens partner. Därför borde vi hålla vår partners kärlek högre än vår egen. Varje människa borde vara tacksam för sin partner och borde sträva efter att leva för den andre.

Detta grundläggande resonemang gör det möjligt för 360 miljoner välsignade par att leva tillsammans för evigt. När man och hustru lever för varandra, respekterar varandra och blir ett genom äkta kärlek, kan Satans fallna släktlinje försvinna för gott.

Äkta kärlek uppstår genom både horisontella och vertikala ömsesidiga relationer. En horisontell relation stiger gradvis vertikalt tills den står sin klimax, vilket innebär positionen av "Den äkta kärlekens kung och drottning". I denna position är allting koncentrerat, allting är omfamnat och allting är kristalliserat i kärlek och allting blommar. Därför vill allting i universum uppleva kärlekens förvandling och leva i kärlekens centrum. Vi föds för kärlekens skull, lever för kärlekens skull och slutligen dör vi för kärlekens skull.

Inte bara människor längtar efter äkta kärlek. Därför borde människan, skapelsens krona, omfamna och älska Guds hela skapelse och lära skapelsen att älska. Hela skapelsen längtar efter att uppleva Guds kärlek genom män och kvinnor som är ett med Gud. Det är en skam att människan ännu inte nått kärlekens högsta nivå.

Alla varelser existerar på en viss nivå av ömsesidig attraktion. Samtidigt vill alla varelser sugas in i en högre nivå av kärlek. Mineraler vill bli del av växter, växter vill bli del av djur och till slut vill hela skapelsen bli del av människorna. Genom denna process kan de till slut ta del av Guds kärlek. Gud skapade allt med en inneboende längtan för att kunna bli del av en större helhet. Ålar, till exempel, och maskar, som fiskar gillar att äta, innehåller beståndsdelar som har medicinskt värde för människor. Högre varelser är ämnade att konsumera varelser av lägre sort. Utan denna process skulle universum inte kunna existera.

Darwins teorier om den starkares överlevnad borde omtolkas i ljuset av denna kärlekens logik. Även myror och mikroorganismer strävar efter äkta kärlek, så de är beredda att dö för att kunna bli del av en högre form av kärlek. Av detta skäl kan människor, som kronan på Guds skapelse, konsumera alla andra varelser. Vi kan göra så på ett villkor: att vi gör det med ett hjärta fyllt av Guds äkta kärlek.

Guds hopp var att ett par, Adam och Eva, helt inriktade på äkta kärlek, skulle vara det frö ur vilket alla världens familjer, klaner nationer och till slut Himmelriket skulle växa fram. Himmelrikets invånare kan bara framträda ur en tradition av Guds äkta kärlek.

Detta synsätt kastar ett annat ljus över Darwins teorier, men genom detta synsätt läggs grunden för världsfred.

Darwin antog i sin teori att evolution sker genom naturligt urval baserat på slumpmässiga variationer. Detta implicerar att det saknas mål och mening med skapelsen. Nya insikter i genetik ifrågasätter dock den klassiska darwinismen och ordet skapelse utgår från Guds existens och att skapelsen har ett inneboende syfte.

Precis som darwinismen saknar också den kommunistiska ideologin någon ursprunglig mening. Guds skapelse baseras på längtan efter äkta kärlek, medan kommunismen talar om kamp och förstörelse. Därför kommer den att försvinna.

Män och kvinnor är de viktigaste elementen i skapelsen. Vidare är det viktigaste organet hos människan inte näsan, ögonen, händerna eller ens hjärna, utan könsorganet. Allt i universum kan återskapas tack vare könsorganen.

Det mesta levande, både i djur- och växtriket, fortplantar sig genom sex. Lyckliga familjer utgår från en man och en kvinna, som blir ett med varandra. Våra kärleksorgan är livets tempel, där släktlinjen och historien förbinds.

Guds grundläggande princip är att skapa maskulinitet och femininitet. För att en man och en kvinna skall skapa äkta kärlek kan de bara ha en partner. Vi skall inte ha två eller flera partners. Det finns en kvinna för varje man och en man för varje kvinna! Det är skälet till varför Gud inte skapade två Adam och två Evor. Tragiskt nog kan i den fallna världen av idag ett barn ha upp till tio styvpappor. Så falsk har kärleken sjunkit till att bli!

När en man och en kvinna upprätthåller kyskheten, försvarar de universum. Kärlek med disciplin är universums grundsten. Vi får inte missbruka kärlek och leva som djur. Vår kärlek skall bara ha en ägare. Ordet "äkta" i äkta kärlek medger bara en partner. Det kan bara finnas en. Det är en absolut lag.

Inte vem som helst kan påstå att han äger äkta kärlek, vi måste först relatera till Gud. Bara Gud kan älska med äkta kärlek och bara Gud äger äkta kärlek. Guds äkta liv, blodslinje och samvete härstammar från Guds äkta kärlek. I själva verket är äkta kärlek Guds grundläggande innersta väsen.

Därför måste vi först knyta an till Gud innan vi kan knyta an till äkta kärlek. Ett barn kan säga: "Mamma och pappa bråkar aldrig, så vi har det bra!", men det betyder inte att de lever i äkta kärlek. Ett ungt par kan säga; "Vi älskar varandra så mycket att vi kan dö!", men det betyder inte att deras kärlek är äkta kärlek. Om Gud inte är närvarande är det inte äkta kärlek. Äkta kärlek kretsar alltid kring Gud. För att bli Guds son eller dotter, måste vi först knyta an till Guds kärlek, liv och blodslinje.

Makt, kunskap, pengar eller militär styrka gör inte att en person blir välkomnad till en värld av äkta kärlek. Alla längtar efter äkta kärlek, men den kärleken är möjlig bara om vi lever för andra. Vi måste offra oss och leva för vår partner. Alla undviker en människa som utstrålar "du måste leva för mig". Den sortens själviska individualism kommer från Djävulen. Det leder bara rakt till helvetet. Vi måste leva för helheten. Om en människa offrar sig och lever för andra blir han eller hon älskad av alla så småningom.

Vi är skapade till att vara Guds barn. När vår kärlek utvecklas, genom syskon, som make och maka och genom uppfostran av barnen, är Gud närvarande vid varje steg och kan på så sätt skörda kärlek. Gud ser och vägleder oss steg för steg och blir därigenom kärlekens mästare. Därför är kärleksfulla människor viktigare för Gud än Han själv är, precis som vi värdesätter den vi älskar tusen gånger mer än vi värdesätter oss själva.

Gud ger allt till de Han älskar och glömmer sedan bort det och vill ge allt igen. Han ger till hundra procent, glömmer sedan till hundra procent och känner därför att Han vill ge till hundra procent igen.

På samma sätt är det om en hustru vill att hennes man blir framgångsrik och därför hjälper honom, men hon tycker ändå inte att han har en skuld till henne som senare skall återbetalas, utan glömmer det och fortsätter att hjälpa honom. Om vi ger till varandra och sedan glömmer det, utvecklas vår kärlek till en allt högre nivå och slut blir vi ett med Gud.

För att nå himlen måste vi leva för varandra. Under vår livstid borde vi alla vid åtminstone vid tre tillfällen uppleva att vi offrar oss för något eller någon. På det sättet befrias vi från den själviskhet som möjliggjorde Adam och Evas fall, Jesu korsfästelse och förföljelsen av den återkomne Messias.

När vi på så sätt bildligt talat tre gånger blivit korsfästa och återuppståndna, ska vi inte be om Guds välsignelse utan ödmjukt leva för Gud och varandra. När sådana människor befolkar världen, växer himmelriket fram.

Barn är ju frukten av sina föräldrars kärlek. Vi måste förstå att barn förkroppsligar sina föräldrars kärlek, liv och blodslinje. Småbarn säger ofta "det är mitt", men föräldrarna är bakom allt som barnen tycker är deras eget. Föräldrarna är roten och stammen. Utan föräldrar är vi tragiskt föräldralösa. Vårt liv blir tomt om vi bryter kärlekens band till våra dagars upphov.

Vi är söner och döttrar till Gud, föräldern som är upphovet till äkta kärlek. Relationen mellan föräldrar och barn är vertikal medan man-hustrurelationen är horisontell. Dessa två relationer borde mötas i en rät vinkel. Syskonrelationer skapar en tredje dimension, framåt-bakåt. Vi är alla på samma avstånd från mittpunkten och när kärleken flödar fritt, skapas en sfär av kärlek. Därför är alla ting skapade i kärlek och universum antar en sfärisk form. I mittpunkten där alla relationer möts, hittar vi Gud.

I en familj där Gud är i centrum förenas vertikal och horisontal kärlek. En sådan familj kommer att växa till en klan, en nation och en värld och ett kosmos av kärlek. Men i centrum finns alltid Gud.

Om Adam och Eva inte fallit hade de kunnat förverkliga detta skapelsens ideal och blivit mänsklighetens sanna, äkta föräldrar.

Som sanna föräldrar hade de förkroppsligat äkta makars äkta kärlek och äkta föräldrakärlek. Genom historien har Gud strävat efter att kunna förverkliga skapelsens syfte genom återupprätta sanna föräldrar, som sedan kan bli en ny utgångspunkt för mänsklighetens i dess längtan efter äkta kärlek, liv och blodslinje.

Vem skulle se till att Adam och Evas barn blev gifta? Det var Adam och Evas uppgift. Vi behöver allvarligt fundera på bristen av föräldrars delaktighet i deras barns giftermål i dagens samhälle.

Familjefederationen, som har Sanna Föräldrar, står i en föräldraposition, och kan ge välsignelse till alla äktenskap världen över. Dessa äktenskap överskrider alla rasmässiga, religiösa och etniska skrankor. Tack vare Sanna Föräldrar kan alla, som inympas till denna rot, både helgon och onda människor, bli välsignade med varandra i äktenskap. Sanna Föräldrar förkastar den onda kärleken, det onda livet och den onda blodslinjen, men förkastar inte Kain, som mördade Abel. Alla, även Kain, får samma välsignelse.

Vid havet finns en punkt där ebb och flod byter, där det ingående och utgående tidvattnet står stilla. Vi befinner oss i en liknande situation i historien, där goda och onda krafter tar ut varandra. Genom att både onda och goda kan bli välsignade, kan Satan drivas ut helt och hållet.

Människans fall orsakades av ett äktenskapsbrott i Edens lustgård. Nu har de Sanna Föräldrarna rättat till det misstaget och äktenskapet kan genom en välsignelse återfå sin ursprungliga roll. Genom att lösa de problem, som Adam och Evas fall medförde, har de Sanna Föräldrarna öppnat helvetets portar och kunnat ge välsignelse till otaliga förfäder i den andliga världen. Med andra ord har vi återupprättat den ursprungliga kärleken, livet och blodslinjen genom att praktisera äkta kärlek.

På detta sätt har den äkta kärleken fullkomnats genom åtta steg. Vi har fullkomnat kärleken i åtta skeden i livet, från moderlivet, som spädbarn, syskon, ungdomar, nygifta, föräldrar, sanna föräldrar och slutligen som äkta kung och drottning. På den grundvalen kan vi fullkomna den äkta kärleken, föräldra-barnrelationen.

Hos Gud är kärlek, liv och blodslinje absoluta, unika och eviga. Människorna skall ärva detta. Detta kommer aldrig att förändras, även efter tusen generationer.

Med äkta kärlek kan vi bli ett som föräldrar och barn, man och hustru och som bror och syster.

En far blir en kärlekens mästare genom sin son. En man blir kärlekens mästare genom sin hustru, och en äldre bror blir en kärlekens mästare genom sin yngre bror. Å andra sidan kan barn utan föräldrar, en kvinna utan en man och en storebror utan en lillebror, inte hitta kärlekens centralpunkt.

För att bli ägare av äkta kärlek måste vi hedra våra föräldrar. På så sätt kommer vi att uppnå harmoni mellan kropp och själ, mellan makar, mellan syskon och till slut världsfred mellan nationerna. Den äkta kärleken kan fullkomnas genom åtta steg.

I en äkta familj och i en äkta nation kan vi alltså alla, som föräldrar, barn, äkta par, syskon och folk, fullkomna äkta kärlek i åtta steg. Då växer Himmelriket fram, på jorden och i himlen och den Himmelske Föräldern, Gud, blir äntligen fri och lycklig!

Från och med år 2000 kommer otaliga välsignade familjer starta en ny revolution med äkta kärlek som utgångspunkt och mål! Kom med! Jag ber om Guds välsignelse över er och era familjer.

Tack så mycket!

Till sist vill jag uttrycka ett stort till alla som hjälpt till
med denna bok, framförallt
till Ing-Marie och Katsuyuki Kikuchi för deras stöd och
till Tommy Hansson, som gjorde korrekturläsningen
och till Nina Persson som gjort omslaget.

På baksidan syns Fader Moon och en bild på hans
födelsehem i byn Sangsa Ri i Daekondistriktet, som
tillhör Pyonganprovinsen i norra Korea.

För vidare information:
janpeter.upf@gmail.com

www.upf.org